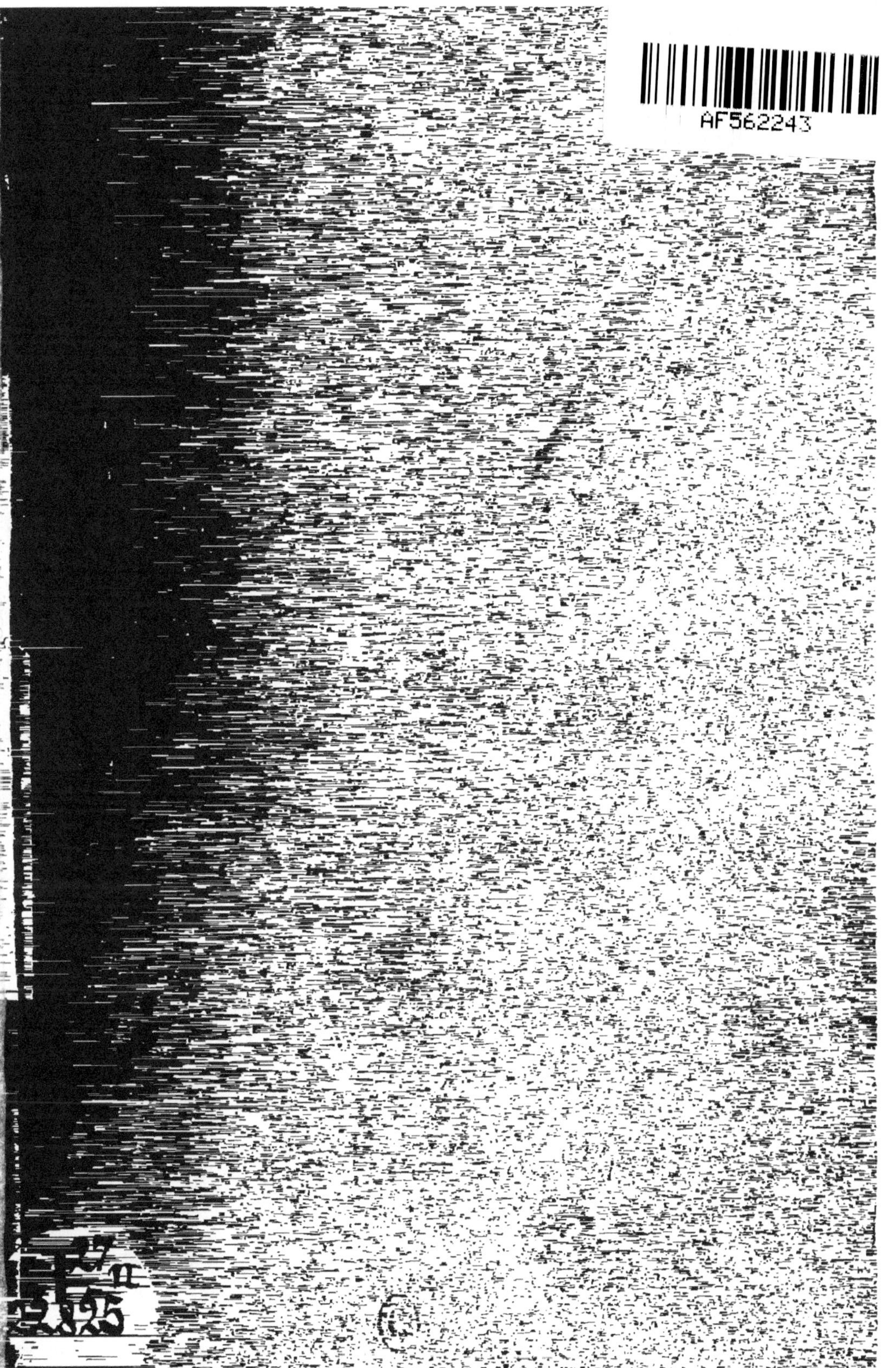

(par Léon Feugère)*

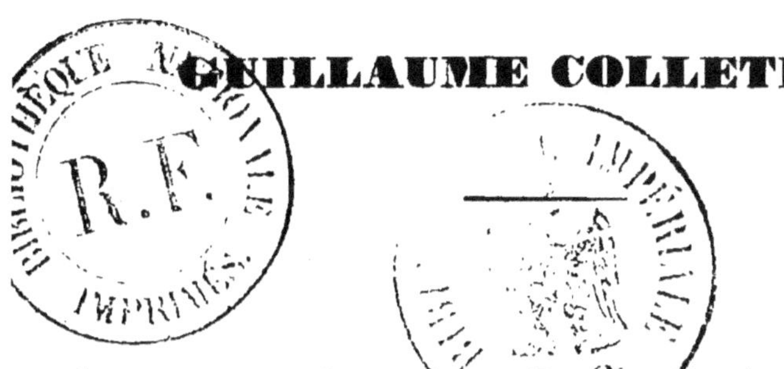

GUILLAUME COLLETET (1).

Ce nom, par malheur, rappelle à la mémoire un trait cruel de Boileau (2); mais il n'est pas question, au moins dans la plus grande partie de cet article, du poëte crotté dont parle le satirique. Il s'agit de son père, qui, avec beaucoup de vers, ingénieux parfois et faciles, nous a laissé en prose plusieurs ouvrages importants. En outre, un intérêt qui s'attachera à cette biographie, c'est que l'on y verra une image de l'existence incertaine et souvent précaire de nos anciens littérateurs.

Colletet appartenait à l'une de ces bonnes familles de la bourgeoisie que leur ancienneté et la considération publique élevaient au rang de la noblesse (3). Du côté de sa mère, il descendait des Saintyon qui avaient donné à la ville de Paris des magistrats estimés (4). Son aïeul paternel, Jacques Colletet, avait été secrétaire

(1) On peut consulter sur cet écrivain l'*Histoire de l'Académie française* par Pellisson, Paris, in-4°, 1729, vol. I, p. 28, 84, 91, 287, 330, etc.; Goujet, *Bibliothèque française*, 1741-56, in-12, t. XVI, p. 259 et suiv.; l'*Histoire du théâtre français* par les frères Parfait, Paris, 1746, in-12, t. VI, p. 196 et suiv.; Titon du Tillet, *Parnasse français*, 1732, in-folio, p. 257 et suiv.; d'Artigny, *Mémoires de littérature*, in-12, 1749-53, t. VI, p. 104 et suiv.; Baillet, *Journal des savants*, in-4°, 1722, t. III, p. 300, et t. V, p. 240.

(2) Première satire : Dans le vers injurieux et bien connu auquel il est fait ici allusion, le nom de Colletet avait d'abord disparu, sur la prière d'Ogier, pour faire place à celui de Pelletier; mais le premier fut ensuite rétabli : V. l'*Anti-Baillet*, in-4°, 1730, p. 59.

(3) V. l'*Histoire des poëtes français* par G. Colletet, vie d'Et. Privé.

(4) Cette famille est particulièrement citée avec honneur dans l'*Histoire* du président de Thou, L. XC, t. X, p. 269 de la traduction française.

du roi (1) et greffier du parlement : son père, qui portait le prénom de Gabriel, fut d'abord procureur, ensuite commissaire au châtelet. On rendait hommage à sa probité : il se trouve mentionné avec distinction dans quelques mémoires du temps (2). Attaché par l'ardeur de sa foi religieuse à l'opinion de la Ligue, il avait su, fort de sa loyauté et de son patriotisme, modérer dans plus d'une rencontre les emportements d'un parti où le zèle du catholicisme servait de voile à tant de mauvaises passions.

Gabriel épousa Anne Dohin, issue d'une maison noble ; et de ce mariage heureux naquirent vingt enfants. Ces nombreuses familles étaient alors moins rares que de nos jours, surtout chez les membres de la magistrature et les hommes de loi : elles témoignaient de leur culte pour le foyer domestique et de leur vie patriarcale. Le savant jurisconsulte Airault était père de seize enfants, ainsi que le président Séguier. L'historien de Thou nous apprend que son aïeul en avait eu vingt-deux. Les Harlay, les Arnauld, les Lamoignon ne comptaient guère moins de rejetons.

Guillaume Colletet était l'aîné de cette florissante maison : il naquit à Paris le 12 mars 1596, au moment où la France, sous l'administration paternelle de Henri IV, commençait à respirer de ses longues secousses. Les études et les lettres, troublées par les guerres civiles, n'aspiraient qu'à reprendre leur essor. Doué d'un esprit vif et qui appelait la culture, l'enfant ne pouvait manquer de soins éclairés dans la famille sérieuse à laquelle il devait le jour. Son aptitude et son goût pour le travail intéressaient des étrangers même à ses progrès. Le hasard d'un heureux voisinage attira en particulier sur lui l'attention de l'auteur des *Recherches de la France*, de l'illustre Etienne Pasquier. Ce vénérable vieillard daigna lui donner d'affectueuses leçons. Plus tard, dans l'un de ses ouvrages, Colletet rappela ce souvenir avec l'effusion d'une

---

(1) Dans son *Histoire des poëtes français*, vie de du Bartas, Colletet le désigne encore par le titre de « Secrétaire de la noblesse de France. »

(2) V. notamment, dans le *Journal de Henri III* par l'Etoile, le procès-verbal de Nic. Poulain « sur la ligue depuis 1585 jusqu'en 1588, » t. I, p. 132 et suiv. de l'édit. de Cologne, in-8°, 1720.

vive reconnaissance (1). La forte éducation classique qui alors formait la jeunesse, acheva de développer ses dispositions naturelles. Au collége fondé par François Ier, il suivit plusieurs années les cours si fréquentés des professeurs royaux, surtout ceux de Galland et de Sévin, dont il demeura l'ami, après avoir été l'un de leurs plus zélés disciples. Une autre liaison, qui date de cette époque, et qu'il conserva tout le reste de sa vie, fut celle qu'il contracta avec François Ogier, assis sur les mêmes bancs que lui, et dont le nom fut par la suite mêlé avec éclat à diverses polémiques célèbres.

De fort bonne heure il se montra passionné pour la poésie; et, nous dit son biographe (2), « commençant par où les autres achèvent, » il se concilia par ses premières productions les suffrages les plus flatteurs. A dix-sept ans il adressait à Pasquier un sonnet que l'éminent écrivain accueillait avec bienveillance (3). Bientôt il osait présenter une ou deux autres pièces à Malherbe, dont la sévérité et la hauteur étaient fort redoutées. Très-bref avec ceux qui lui soumettaient leurs essais, celui-ci se bornait d'ordinaire à les avertir « de lire ses ouvrages et d'y apprendre les règles de l'art. » Mais plus indulgent cette fois, il eut pour Colletet des paroles d'encouragement, et ne lui refusa pas quelques avis dont le jeune homme s'empressa de profiter.

Les vers n'étaient néanmoins pour lui que le délassement de

---

(1) *Histoire des poëtes français*, vie d'Et. Pasquier : « Pour récompense de tant de bons offices que j'ai reçus de ton humanité, s'écriait-il, en adressant la parole *au grand Etienne Pasquier*, puisse ta belle âme triompher éternellement dans le ciel et vivre avec honneur sur la terre par tes doctes écrits, et voir les invectives de tes adversaires avorter, comme elles ont fait pendant ta vie; et toutes les fois que tu seras assailli, puisse naître *ex ossibus ultor*, qui soutienne puissamment le parti de l'innocence violée et de la vertu combattue! »

(2) Pierre Cadot, avocat au parlement de Paris : sa vie manuscrite de G. Colletet est en tête de l'*Histoire des poëtes français*.

(3) Ce sonnet, depuis inséré dans les *Désespoirs amoureux*, est cité par Fr. Colletet, dans l'*Histoire des poëtes français*, à la suite de l'article de Pasquier. L'auteur s'y plaint des *puissantes atteintes* que lui a données *un bel œil*.

plus graves travaux. Destiné par sa famille au barreau, il avait, comme peu après Pierre Corneille, fait ses études de droit et obtenu le titre d'avocat. Il plaida même quelques causes avec distinction; mais de plus en plus captivé par ce goût d'écrire, qui ne souffre guère de partage, il ne tarda pas à réserver tout son temps aux lettres.

Ce fut en 1622 que, déjà connu par des vers répétés et vantés dans les cercles et par ces succès de société que recherchaient alors les plus grands talents, Colletet s'annonça comme auteur. Le moment était favorable pour s'adresser au public : épris des plaisirs de l'esprit, il acceptait avec plus de passion que de choix tous ceux qui lui étaient offerts. Les scrupules d'un goût éclairé ne lui défendaient pas de jouir : âge heureux pour l'écrivain, où dans le lecteur empressé il trouvait plutôt un ami qu'un juge, où l'on applaudissait avec reconnaissance à ses efforts, où la rivalité effrénée et la satiété n'avaient pas introduit partout le dénigrement et l'indifférence pire encore. L'inexpérience même des débuts ne manquait pas de naïfs admirateurs. Les *Désespoirs amoureux*, tel était le titre de la première œuvre de Colletet (1), reçurent un accueil très-bienveillant. Une partie du volume ne contenait toutefois, on n'aurait garde de le supposer d'après un pareil titre, que la traduction d'un poëme religieux : c'était l'Alexiade du père François Rémond, que son talent élégiaque, fort prisé, faisait surnommer l'Ovide chrétien (2). Mais à cette version en prose Colletet avait joint diverses pièces de sa façon,

---

(1) Paris, Toussaint de Bray, petit in-12, de 420 pages. — Dans cet ouvrage, et dans ceux qui suivirent, on remarquera que Colletet a soin d'ajouter à son nom la qualification de Parisien. Ce titre était alors fort prisé par les auteurs. C'est que « le langage de Paris, dit H. Etienne dans sa *Précellence*, p. 134, était réputé le meilleur langage français. »

(2) V. sur cet auteur l'anti-Baillet, § 144. G. Colletet, dans sa préface, prétendait que l'œuvre dont il offrait la traduction au public, et qui n'occupe au reste que les 161 premières pages de son volume, « tant de fois réimprimée par toutes les meilleures villes de France, d'Italie et d'Allemagne, était reconnue pour l'une des plus excellentes qui se fussent faites de son temps en langue latine. »

surtout plusieurs épitres et sonnets d'amour (1). Un piquant à-propos ne contribua pas peu à la vogue de cette portion du recueil. Certaines aventures romanesques, qui avaient récemment fait beaucoup de bruit à Paris, étaient devenues l'occasion d'une sorte de lutte poétique, à laquelle prirent part Malleville, Hubert, Méziriac, les célébrités du temps (2). Colletet eut l'honneur de paraître leur digne rival.

La même année, « un temple d'honneur, pour parler le langage ambitieux de l'époque, ayant été dressé à l'éternelle mémoire de messire Florimond d'Ardres par les plus beaux génies de l'Univers (3), » il se distingua, avec Boisrobert et Chapelain, parmi les panégyristes de ce capitaine,

Qui vit ouvrir son chef d'un boulet enflammé.

On sait que la mort des hommes qui avaient bien mérité du pays ouvrait alors aux auteurs une lice où ils se plaisaient à figurer. Lorsqu'en 1623 Scévole de Sainte-Marthe, le dernier des personnages illustres du XVIe siècle, qu'il avait tous célébrés, descendit au tombeau, Colletet déplora sa perte par un *Chant pastoral* d'environ 600 vers (4). Dans cette pièce élégiaque, il est vrai, la douleur s'exprimait un peu trop par métaphores et par pointes; mais ce défaut ne devait l'en faire goûter que davantage; et un an après il paraissait déjà une seconde édition de ce poëme, où les bergers Daphnis et Ménalque témoignaient tour à tour leurs regrets,

Pendant que les échos, touchés de leur parole,
Répétaient à l'envi le beau nom de Scévole (5).

Depuis ces heureux débuts, il ne se produisit guère d'événement de quelque importance qui ne fût pour Colletet le sujet de

(1) On y remarquait aussi la traduction de l'épitre de Sapho à Phaon.

(2) V. la biographie de Colletet par Cadot.

(3) Paris, Daufresne, 1622 : V. particulièrement, p. 43.

(4) Paris, in-4°, 1623.

(5) Cette seconde édition était dédiée au fameux duc de Buckingham.

compositions poétiques. Vers ce moment commençait à régner en France, sous le nom de Louis XIII, un de ces hommes qui semblent l'expression vivante du pouvoir. Non content de courber ou d'abattre les plus hautes têtes de l'aristocratie, Richelieu voulait encore imposer un joug doré aux forces libres de l'intelligence : il attirait autour de lui les gens de lettres ; il les attachait à sa puissance par des caresses et par des libéralités. Grâce à cette politique habile, les lettres allaient oublier trop souvent leur indépendance. Colletet, comme la plupart de ses contemporains, se laissa aisément captiver à ces séductions : il consacra beaucoup de vers à chanter la gloire du ministre (1),

De ce grand cardinal que le Tibre désire,
Que la Seine retient, que tout le monde admire,
Richelieu, dont l'esprit pénètre l'univers.....

Il adressa également de nombreux hommages à Louis XIII. Parmi ces morceaux on remarque une ode au roi pour la réduction de la Rochelle (2); des félicitations à ce prince au sujet de la soumission des rebelles du Languedoc et de la paix qu'il avait faite avec les Anglais (3) ; enfin un poëme sur la naissance de Louis XIV (4). A ces compliments officiels, d'un style pompeux et d'une solennité un peu vague, on pourrait ajouter la mention de quelques pièces enjouées (5), pleines de malice et de verve,

---

(1) On trouvera plusieurs de ces pièces dans un recueil de vers à l'honneur de Richelieu, intitulé « *Richelius diversorum,* » in-4°, que possède la bibliothèque Mazarine, sous le n° 17596.

(2) *Chant de victoire*, Paris, Mathurin Hénault, 1628.

(3) *Le triomphe de la paix*, Paris, Jean Martin, 1629. Ce petit volume renferme encore, avec plusieurs autres vers de Colletet, une pièce intitulée « *Les lauriers du Roi*, présentés à Sa Majesté, le premier jour de mai 1633. »

(4) Paris, in-4°, 1638 (400 v.). On peut lire encore de Colletet quelques autres poésies du même genre dans un volume in-4° de la bibliothèque Mazarine qui porte le n° 10340.

(5) « *Le Poëte ivrogne,* » Paris, Robert Etienne, 1631, petit in-8°. La pièce était précédée d'une épître « à un poëte buveur d'eau » et suivie d'autres gaietés de *Carême prenant.* Remarquons aussi *le Banquet des*

où Colletet se montrait plus fidèle à l'esprit de ses devanciers du XVIe siècle (1). Mais il vaut mieux rappeler qu'aux vers sérieux ou badins qui attestaient la fécondité de son génie, il joignait à la même époque plusieurs traductions, écrites dans une prose correcte et facile. Aussi, quand l'Académie prit naissance, au commencement de 1635 (2), fut-il compris au nombre des premiers membres de ce corps destiné à tant de gloire (3). Peu auparavant il avait, comme pour justifier ce choix, publié un nouveau recueil poétique qui mit le sceau à sa réputation et qu'il intitula ses *Divertissements* (4).

Déjà, sous le règne de Charles IX, Antoine de Baïf avait préludé à l'institution que venait de réaliser Richelieu : par un effet de ce goût de communication intellectuelle, propre à l'esprit français, les littérateurs avaient dès lors conservé l'habitude de se réunir de temps en temps les uns chez les autres. Dans ces assemblées sans contrainte et sans étiquette ils se lisaient leurs ouvrages, ils s'éclairaient par des avis mutuels. La maison de Colletet, à laquelle était joint un jardin assez étendu, était par ce motif l'un de leurs rendez-vous préférés (5). C'est dans ce sens

---

poëtes, 1646, in-8°, et trois morceaux qui parurent sous le titre de l'*Illustre buveur*. (La plupart de ces publications étaient d'ailleurs, on le sait, composées d'un très-petit nombre de pages : *Le Banquet des poëtes* en a 16.)

(1) Ronsard s'était égayé avec beaucoup de succès sur un sujet analogue, « en contrefaisant l'ivrogne,» dit Pasquier, *Recherches*, VII, 7, « en une drôlerie qu'il fit avec tous ceux de sa volée. »

(2) Les lettres patentes données par le roi pour la fondation de ce corps sont du 2 janvier de cette année : on peut les voir dans Pellisson, au commencement de son *Histoire de l'Académie*. Colletet composa, vers cette époque, un Mémoire sur les statuts de cette compagnie qui avaient été dressés par Chastelet.

(3) *Journal des Savants*, année 1700, p. 440.

(4) Paris, Robert Etienne, 1631; et Dugast, 1633, in-8°. Ce sont des poésies mêlées, divisées en six parties.

(5) Colletet s'applaudit, dans l'une de ses pièces, de ce que les allées de ce jardin semblaient encore conserver le vestige des pas de Ronsard, dont le nom seul lui inspirait, comme il dit, « une sainte manie. »

que le biographe de Colletet n'a pas craint de dire « que sa demeure avait été comme le berceau de l'Académie. »

Cette création sembla, quoi qu'il en soit, imprimer aux esprits et aux travaux une merveilleuse activité. Chacun des élus se piqua d'inaugurer la naissance de cette société par quelque fruit de ses veilles. Colletet ne voulut pas rester en arrière de ses collègues. Il imagina dans ce but d'élever un grand monument à notre gloire littéraire ; il entreprit l'histoire des poëtes français, dont nous nous réservons de parler avec d'autant plus de détails, que cet estimable ouvrage est demeuré inédit.

Fort épris du théâtre et désireux d'ajouter à l'honneur d'être maître en France et d'abaisser l'orgueil de l'Autriche celui de composer des comédies, Richelieu choisit, vers ce moment, parmi les écrivains en renom, cinq auteurs auxquels il confiait le soin de remplir les canevas qu'il avait lui-même inventés. Chacun d'eux ayant à confectionner un acte, la pièce était bientôt prête, et le cardinal, avec un grand luxe de décorations, la faisait jouer à la cour, pour dissiper le royal ennui de Louis XIII. Cette société dramatique, présidée et rentée par Son Eminence, était formée de l'Etoile (1), Boisrobert, Rotrou, Colletet et Corneille. Il est vrai que ce dernier y demeura peu : il avait eu l'audace de changer quelque chose à un plan qui lui était assigné ; et vivement tancé à ce sujet, traité *d'esprit sans suite*, l'auteur du Cid était retourné faire à Rouen les Horaces, Cinna, Polyeucte et la Mort de Pompée (2). Quant à Colletet, il réussissait toujours au gré du premier ministre. D'ordinaire fort docile, il eut néanmoins un jour sa velléité d'indépendance. Dans la comédie des Tuileries il avait été chargé du monologue (3); il y dépeignait tous les agréments du jardin et la beauté de la pièce d'eau, peuplée alors d'oiseaux moins

---

(1) Claude de l'Etoile : c'était le fils de l'auteur du *Journal* de Henri III et de celui de Henri IV.

(2) On remarquera que, par suite de ce refroidissement de Richelieu pour Corneille, celui-ci ne devait être reçu à l'Académie qu'en 1647, à la place de Maynard, c'est-à-dire onze ans après avoir donné *le Cid*.

(3) Il est écrit d'un style fort précieux et ne contient pas moins de 13 p. in-4°.

poétiques que nos cygnes d'aujourd'hui. Richelieu fut saisi d'admiration à la lecture de ces vers ; surtout il se récria d'aise à la description du bassin, où l'on voyait, disait le poète ,

> La cane s'humecter de la bourbe de l'eau,
> D'une voix enrouée et d'un battement d'aile
> Animer le canard qui languit auprès d'elle...

Toutefois, la réflexion lui suggéra l'idée d'un nouveau perfectionnement. Le mot de s'humecter était beau sans doute et heureux ; mais celui de barboter ne serait-il pas plus expressif et plus énergique? Là-dessus il proposait de modifier ainsi le premier trait :

> La cane barboter dans la bourbe de l'eau.

Colletet, charmé des éloges du maître et des largesses dont il les avait accompagnés, souscrivit au changement. Mais de retour chez lui, il se repentit, et le bon goût de l'auteur l'emportant sur la complaisance du courtisan , il écrivit au cardinal une lettre longuement motivée, où revenant sur son adhésion précipitée au sentiment du ministre , il soutenait que son vers primitif valait mieux que celui qui lui était substitué. Richelieu, avec les affaires de l'Europe sur les bras, ne laissait pas de trouver toujours quelques instants pour juger de si graves procès. Il s'étonna bien d'abord un peu « qu'il y eût un homme assez hardi à Paris pour lui tenir tête : » mais plus conciliant en littérature qu'en politique, il finit par s'amuser de l'incident avec ses familiers , ne pouvant s'empêcher, disait-il, « de se rendre aux raisons fortes et convaincantes » que faisait valoir le poëte. Depuis, il ne parut l'en estimer et l'en aimer que davantage.

Après avoir pris part, pour un cinquième d'inspiration, aux *Tuileries* (1), à l'*Aveugle de Smyrne* (2) et à la *Grande Pasto-*

---

(1) Comédie en cinq actes et en vers, avec prologue, par les cinq auteurs (Rotrou passe pour en avoir composé deux actes) : Augustin Courbé, 1638.

(2) Tragi-comédie en cinq actes et en vers, par les cinq auteurs,

rale (1), Colletet, à l'instigation de son protecteur, voulut être poëte dramatique pour son propre compte. Il donna au théâtre, en 1642, Cyminde ou les deux victimes (2). Astur, ville de Sarmatie sur les bords de la mer Caspienne, était le lieu de la scène : là, comme l'écrivain l'annonçait dans sa préface (3), s'il avait fait éclater les ardentes et légitimes passions de Cyminde, c'était pour le seul divertissement de Son Eminence ; et rien n'avait été capable de consoler Cyminde dans ses afflictions, que le favorable accueil qu'elle avait reçu du cardinal. » On croira volontiers, en effet, que le public ne partagea pas beaucoup ce divertissement. Il est certain, en tout cas, que le succès de l'ouvrage dut être assez médiocre auprès des autres spectateurs, puisque Colletet ne se hasarda plus à travailler pour le théâtre. Sans us ét endre davantage sur cette production, qu'il nous suffise de rappeler ce jugement porté par des critiques estimés (4) : « L'auteur n'entendait rien à la poésie dramatique. »

On comprend par la lecture de cette tragédie et de presque toutes celles du même temps, combien il a fallu d'inspiration originale à Corneille, pour échapper aux situations invraisemblables ou forcées, aux sentiments outrés ou faux qui régnaient sur notre scène, et quel vigoureux essor son génie a dû prendre, pour s'élever de si bas jusqu'à ces hautes régions, au delà desquelles, comme Fontenelle l'a dit (5), « il n'y a plus rien. » Ce n'est pas, du reste, d'après les vers de Cyminde, souvent emphatiques

---

1638, chez le même. On appelait alors *tragi-comédies*, les pièces tragiques dont le dénoûment était heureux. Le Cid, finissant par la perspective d'un mariage, parut sous le nom de *tragi-comédie*.

(1) Cette pièce n'a pas été imprimée : on peut en voir la raison dans l'*Histoire de l'Académie française* par Pellisson, vol. I, p. 90 et suiv.

(2) Il est vrai qu'on a contesté à Colletet l'invention de cette pièce ; on a prétendu qu'elle avait été écrite en prose, par l'abbé d'Aubignac, auteur de la tragédie de Sainte-Catherine : Voy., à ce sujet, le *Journal des Savants*, juillet, 1746, p. 408.

(3) V. cette tragi-comédie, imprimée à Paris, 1642, in-4°, chez Courbé et Sommaville, 132 p.

(4) Les frères Parfait, *Histoire du théâtre français*, t. VI, p. 192.

(5) *Vie de Corneille*.

et vides, qu'il convient d'apprécier Colletet comme poëte. Il vaut mieux le juger sur ses poésies légères : elles ont souvent de la facilité et de la grâce. Plusieurs de ses épigrammes se recommandent par un tour agréable et piquant (1). Dans le genre anciennement si goûté des quatrains moraux, il a aussi revêtu d'une forme brève et concise de sages préceptes qu'il adresse à son fils (2). En parcourant ses recueils poétiques qu'il ne cessa de grossir jusqu'à la fin de sa vie (3), on s'expliquera encore aujourd'hui la brillante réputation dont il a joui dans son siècle. Non-seulement ses œuvres lui concilièrent la faveur publique, elles furent encore pour lui la source d'avantages plus positifs. Richelieu, à la pension qu'il lui accordait comme aux privilégiés dont il avait fait ses collaborateurs(4), joignit souvent de riches gratifications ; pour les vers du monologue où, d'après son jugement, les ébats de la cane étaient décrits avec tant de succès, il lui avait donné soixante pistoles, ajoutant que « le roi n'était pas assez riche pour payer dignement les autres. » Là-dessus, le poëte reconnaissant avait mêlé à son remercîment l'expression d'un regret :

Armand, qui pour six vers m'as donné six cent livres,
Que ne puis-je à ce prix te vendre tous mes livres !

---

(1) V. les *Epigrammes* du sieur Colletet, avec un discours de l'épigramme, Paris, in-12, 1653. — On remarquera qu'à cette époque il n'y avait pas toujours une pointe satirique dans ces sortes de pièces. Par l'une d'entre elles Colletet félicite le chancelier Séguier sur sa promotion à l'ordre du Saint-Esprit.

(2) Ces quatrains sont au nombre de 56 : Paris, in-12, 1658.

(3) Il publia , en 1642, des *Poésies diverses*, Paris, Courbé, in-4°, 47 p. (le monologue des Tuileries s'y trouve); il obtint, en 1652, par un *chant royal*, le prix de l'Eglantine ; il donna, en 1656, un nouveau volume, ayant pour titre : « *Poésies diverses*, contenant des sujets héroïques, des passions amoureuses et d'autres matières burlesques et enjouées, » Paris, in-12. En outre, à diverses époques , il fit paraître des vers dans les recueils du temps , et particulièrement dans celui qui a pour titre : *Les délices de la poésie française*. Enfin les *Annales poétiques*, publiées chez Delalain, in-8°, 1778-1788 , renferment des poésies de Guillaume et de François Colletet, aux tomes 18 et 25.

(4) On remarque parmi les poésies de Colletet « un remercîment à Richelieu sur la pension que lui donnait son Eminence. »

En échange de ces largesses, le cardinal demandait parfois de petits services à ses favoris : celui par exemple de se donner pour les auteurs de ses conceptions dramatiques ou de ses vers. Mais ils lui prêtaient volontiers leur nom dans ces occasions, sachant que, dans quelques autres, comme il le disait lui-même, « il leur prêterait sa bourse (1). »

La juste fierté de nos auteurs s'indignerait sans doute aujourd'hui de ces rapports et de ces faveurs. Mais, il ne faut pas l'oublier, la dignité de la vie littéraire ne devait dater que de l'âge suivant (2). Alors seulement la littérature devait avoit la conscience de ses forces, et, quittant cette humble et obséquieuse attitude, prendre rang entre les pouvoirs, ou plutôt les déposséder tous. Colletet ne visait pas si haut ; il cherchait surtout à se ménager des patrons puissants et généreux, tels que Richelieu. Outre celui-ci, il en trouva plusieurs autres. L'archevêque de Rouen, qui fut depuis le successeur de Péréfixe dans le siége de Paris, Harlay de Chanvalon (3), lui envoya un Apollon d'argent (4) pour un hymne « sur l'immaculée conception, » présenté au Palinod (5). Un étranger même, Eusèbe de Lichtenstein, prince

---

(1) *Histoire de l'Académie française*, vol. I, p. 93 de l'édition citée.

(2) Voici avec quelle brièveté sans façon Dangeau, dans ses *Mémoires*, t. I, à l'année 1684, annonce la mort de Corneille : « On apprit à Chambord la mort du bonhomme Corneille, fameux par ses comédies ; il laisse une place vacante dans l'Académie. »

(3) Né en 1625, archevêque de Rouen à 26 ans, archevêque de Paris en 1670, mort en 1695, l'un des protecteurs de l'Académie française, dont il était membre. Sa vie a été écrite en latin par l'abbé Legendre, 1720, in-4°, qui, de plus, lui a consacré, comme à son bienfaiteur, trois *éloges* dont un en latin et deux en français.

(4) 1634. Le même don avait été jadis adressé par Marie Stuart à Ronsard.

(5) Par ce nom, ou par celui de *Puy* (Podium), on désignait un concours poétique annuel, établi à Rouen. Le but de cette institution très-ancienne était de célébrer l'immaculée conception de la Vierge, qui était nommée *la fête aux Normands*. Corneille remporta au Palinod ses premières couronnes. V., à ce sujet, le *Précis de l'histoire de Rouen*, par Liquet, in-12, 1831, pag. 232-235.

du saint-empire, à qui il avait adressé ses *Divertissements*, lui fit hommage d'une chaîne d'or avec un magnifique médaillon. Il eut encore pour protecteurs le fameux Fouquet dont il a vanté le génie et le *désintéressement ;* le comte de Servient, qui, comme le précédent, fut surintendant des finances, et le chancelier Séguier : son ode « sur l'alliance des deux illustres maisons de Béthune et de Séguier (1) » ne demeura pas sans récompense. Enfin, après la mort de Richelieu en 1642, « l'éminentissime cardinal Jules de Mazarin était devenu son seigneur et Mécène (2). » Il est vrai que l'astucieux Italien, trop attentif à s'enrichir lui-même pour s'occuper beaucoup de la fortune d'autrui, donnait plus de bonnes paroles que d'argent (3). Un jour notamment, il lui avait fait l'honneur de l'entretenir « toute une après-dînée ; » mais cette longue audience avait fini par des promesses.

Malgré cette circonstance, on s'explique difficilement la gêne

(1) Paris, in-4°, 1640. Cette ode n'a pas moins de 31 pages. L'auteur annonce qu'il a pris le parti de la donner au public, parce que « quelques imprimeurs étaient sur le point de lui faire voir le jour sur une copie mal correcte, tombée entre leurs mains : » circonstance qui montre quelle était sa réputation. Peu auparavant, il avait encore adressé au chancelier Séguier un discours en vers, in-8°, 1638. C'est à ce même personnage que Corneille dédia *Rodogune*. On peut voir, dans les *Mémoires* du cardinal de Retz, quels furent son intégrité et son courage. Il avait concouru à la fondation de l'Académie française ; et, Richelieu mort, il hérita du protectorat de cette compagnie. Après lui, ce fut Louis XIV qui s'en déclara le protecteur.

(2) *Histoire des poëtes français*, vie de Pierre Poupo.—Il paraît que Richelieu, en mourant, l'avait lui-même recommandé à Mazarin. Entre les pièces où Colletet célèbre son nouveau patron, on remarque un sonnet cité avec beaucoup d'éloges par G. Naudé dans son *Mascurat*, p. 482, par lequel le poëte félicite la reine-mère d'avoir, dans son *veuvage épineux*, fait choix de Mazarin pour premier ministre et pour intendant de l'éducation royale. Par là, suivant lui, cette princesse, qui rappelait la vertu d'Artémise, a, comme autrefois Thétis à son fils Achille, donné un Phénix à Louis.

(3) Colletet s'en est plaint dans quelques épigrammes. Par sa fidélité aux diverses fortunes de Mazarin il avait droit à ses bienfaits. Son fils, fait prisonnier au service de ce ministre, endura une captivité de trois ans.

extrême à laquelle Colletet fut réduit dans les dernières années de sa vie et le dénûment où il mourut. Issu d'une famille assez aisée, il en avait reçu un patrimoine ; ses productions ne manquèrent jamais de débit; il possédait de plus une charge d'avocat au conseil (1). Il faut chercher dans son caractère la cause de cette pauvreté proverbiale (2). De tout temps il poussa jusqu'à l'excès cette insouciance de l'avenir qui passe pour caractériser les poëtes. Dans ses moments de prospérité, ami de toutes les jouissances de la vie, il réunissait souvent, à la ville ou à la campagne, une société enjouée et spirituelle. Curieux de s'entourer aussi de *ces bons hôtes muets* dont parle Ronsard, il avait employé d'assez fortes sommes à l'acquisition d'un certain nombre d'ouvrages bien choisis ; et, plus ménager de ses livres que de son argent, il avait placé cette inscription sur le frontispice de sa bibliothèque :

Chères délices de mon âme,
Gardez-vous bien de me quitter,
Quoiqu'on vienne vous emprunter :
Chacun de vous m'est une femme,
Qui peut se faire voir sans blâme,
Et ne se doit jamais prêter (3).

Si, plus heureux que Patru, il ne se vit pas forcé de vendre cette bibliothèque chérie, il le dut uniquement au noble caractère de son fils, François Colletet, qui fit abandon en sa faveur des droits qu'il avait à la succession de sa mère Marie Prunelle (4).

---

(1) Cette place d'avocat « au conseil d'Etat et privé du roi, » il la tenait du chancelier Séguier ; il la vendit, comme tout le reste, peu d'années avant sa mort.

(2) La guerre de la Fronde a été aussi pour quelque chose dans sa ruine ; il a déploré les dissensions civiles dans un poëme « sur les misères du temps, » sujet précédemment traité par Ant. de Baïf et Ronsard.

(3) V. l'*Histoire des poëtes français*, vie de Pasquier : c'est au milieu de cet article qu'il s'arrête pour déplorer la perte d'un de ses livres, qui lui avait été dérobé « par un de ces demi-savants qui empruntent tout sans rien rendre. »

(4) « Pour permettre à son père d'apaiser, nous dit Cadot, les créanciers qui le tourmentaient à la fin de sa vie. »

A la mort de cette première femme, qui unissait aux avantages de la beauté, de la naissance et de l'esprit, les qualités les plus solides (1), Guillaume Colletet, par une licence poétique que son ami le prieur Ogier jugeait un peu trop forte, contracta un nouveau mariage qui ne fut pas étranger à la ruine de sa fortune. On a dit qu'il avait successivement épousé ses trois servantes : c'est trop de deux. Colletet ne fut marié qu'une seconde fois, suivant son biographe, et la domestique dont il fit sa femme était *la belle Claudine*. Fort chantée de son temps, non pas par Colletet seulement, mais par plusieurs de ses confrères (2), elle joignait aux charmes du visage le talent des vers, au moins du vivant de son mari : après lui, elle demeura muette. Il est vrai que par cette épitaphe qui fut attribuée à Claudine, elle expliquait, en adressant la parole à son époux, les causes de son silence :

> Comme je vous aimai d'un amour sans seconde,
> Comme je vous louai d'un langage assez doux,
> Pour ne plus rien aimer ni rien louer au monde,
> J'ensevelis mon cœur et ma plume avec vous (3)...

Mais d'autres, par une interprétation maligne, supposèrent que si elle avait perdu tout à coup la voix, c'est que son mari parlait pour elle ; de là cette épigramme de La Fontaine (4):

> Les oracles ont cessé,
> Colletet est trépassé.
> Dès qu'il eut la bouche close,

---

(1) Guillaume Colletet l'a fréquemment célébrée dans ses vers, sous le nom de Brunelle.

(2) « Il n'y a guère, dit Cadot, de pièce imprimée où l'on n'ait vu éclater son nom. » Il ajoute même « qu'un bel esprit avait consacré tout un ouvrage à sa gloire. » La Fontaine fut au nombre des poëtes qui la chantèrent. On peut voir aussi *Les amours de Claudine* dans les *Poésies diverses* de G. Colletet, Paris, in-12, 1656, p. 307, 369, etc.

(3) V., pour l'épitaphe tout entière, *Menagiana*, édit. de 1715, t. II, p. 83-85.

(4) Consultez, à ce sujet, la vie de La Fontaine par M. Walkenaer, p. 21-24 ; Cf. Tallemant des Réaux, assez médisant, comme on sait : Paris, in-8°, 1834, t. V, p. 311-324.

Sa femme ne dit plus rien :
Elle enterra vers et prose
Avec le pauvre chrétien.....

Claudine n'avait pas du reste les vertus de la ménagère. Elle favorisa tout au contraire les goûts de son époux pour le plaisir et pour la dépense. Les bons repas, qu'elle assaisonnait encore du charme de ses vers, se multiplièrent à tel point chez Colletet, qu'à la fin il n'eut plus à offrir aux convives qu'il rassemblait que sa table nue : c'était une vieille table de pierre, autour de laquelle s'étaient gaiement assis autrefois Ronsard, Jodelle, Belleau, Baïf et Amadis Jamyn. Mais ses hôtes ne l'abandonnèrent pas, et chacun d'eux, apportant son pain et son mets, avec deux bouteilles de bourgogne ou de champagne (1), on continua à se livrer dans sa maison à la joie et à la bonne chère

Aussi, lorsque Guillaume Colletet mourut à Paris le 11 février 1659 (2), ne lui restait-il pas de quoi se faire enterrer (3). Ses amis y pourvurent. Il était digne de trouver en eux cette fidélité, si on le juge sur le portrait que nous ont laissé de lui ses contemporains (4). Doué d'un extérieur plein d'agrément, il possédait une humeur douce et gaie, un caractère franc, une parfaite égalité d'âme. Etranger à l'aigreur et à l'envie, il jouissait des succès d'autrui presque autant que des siens : son obligeance et ses secours ne manquaient jamais à qui les réclamait. Parmi les causes de sa pauvreté, on ne doit pas omettre la plus honorable, c'est qu'il fut compatissant à tous les malheurs, et généreux au point de se dépouiller souvent lui-même. Vers la fin de sa vie,

---

(1) *Histoire du théâtre français*, t. VI, p. 198.

(2) V. la biographie de Colletet, par Cadot. — Le 19 de ce mois, suivant Moréri, et le 10, suivant Piganiol de la Force, *Description historique de Paris*, t. III, p. 388, « le jour de saint Guillaume, son patron. » Il fut inhumé dans l'église du Saint-Sacrement, sa paroisse.

(3) Et cela pour avoir trop *chopiné*, nous dit Chapelain : *V.* les *Mélanges de littérature*, tirés de ses lettres manuscrites, Paris, 1726, in-12, p. 5.

(4) V. particulièrement la biographie citée plus haut, où il est peint avec soin, au physique et au moral.

ayant sa bourse vide, il donna plus d'une fois aux gens de lettres qu'il savait dans le besoin, le seul bien qu'il eût épargné, ses livres qu'il aimait si passionnément. A celui qui avait pour les autres tant d'indulgence et de bonté, on ne pouvait guère refuser le pardon de ses propres fautes.

Hâtons-nous de dire que ces torts n'affaiblirent en rien dans l'esprit de François Colletet les sentiments de piété et de respect qu'il devait à son père. Fidèle aux principes qu'il avait reçus de lui (1), s'il écrivit mal, il vécut bien : on ne put l'accuser que de sa misère. Toujours nécessiteux, il demeura toujours intègre et pur; encore quelques-uns de ses ouvrages ne méritent-ils pas l'obscurité complète où ils sont tombés (2). Mais vainement il

---

(1) V. les *Quatrains moraux* de Guillaume Colletet.

(2) Le « *Traité des langues étrangères*, de leurs alphabets et de leurs chiffres, » Paris, in-4°, 1660, et « *Abrégé des Annales de Paris*, » in-12, 1664 (c'est une histoire succincte de ce qui s'est passé de plus remarquable dans cette ville depuis sa fondation jusqu'au temps de l'auteur : réuni à son « *Abrégé des antiquités de la ville de Paris* » qui parut la même année et dans le même format. Cet ouvrage a été donné aussi en 2 vol. in-12, sous le titre « d'*Abrégé des Annales et antiquités de Paris* »), doivent encore aujourd'hui être regardés comme des productions estimables. Au reste, on a confondu assez souvent les travaux du père et du fils. Voici la liste des autres œuvres de celui-ci ; comme celles de G. Colletet, elles sont très-difficiles à trouver :

Entretiens de la semaine sainte, traduits du latin, du p. Chameux, 1650.

L'*Ecole des muses*, ou recueil de toutes les règles qui concernent la poésie française, Paris, in-12, 1656. (Ouvrage inexactement attribué au père, dans l'*Histoire de l'Académie*.)

Le *Juvénal burlesque*, Paris, David, 1657; in-18 de 45 p. (C'est une satire en petits vers, où l'auteur prétend imiter Juvénal, et annonce à la fin la traduction burlesque qu'il n'a pas donnée.)

Le parfait portrait de Marie-Thérèse d'Autriche, 1659.

Nouveau recueil des plus beaux énigmes de ce temps (la plupart étaient de son père), avec leurs explications naturelles et morales : Paris, in-12, 1659.

Noëls nouveaux et cantiques spirituels, 1660.

Journaux historiques, Paris, 1660, in-4°. (Ils concernent le mariage de Louis XIV.)

Apologie de la solitude sacrée, ensemble les Avis de J. Gerson et l'Aen multiplia fort laborieusement le nombre, vainement il interrogea diverses autres routes de fortune, le sort fut sans pitié. On souffre de voir Boileau oublier que si Colletet

Allait chercher son pain de cuisine en cuisine,

c'est qu'il s'en était privé pour sauver l'honneur de son père (1). On condamnera d'autant plus ce vers inhumain, qu'il existait des liens de parenté entre la famille des Colletet et celle des Des-

---

brégé de la vie des reclus du mont Valérien et de Sénart, Paris, in-12, 1662.

Le palais des jeux de l'amour et de la fortune (pièces divertissantes), Paris, Loyson, petit in-12, 1663.

La Muse coquette, ou les *Délices de l'honnête amour et de la belle galanterie*, 1re et 2e parties, Paris, Loyson, 2 vol. petit in-12, 1665.

Le Tracas de Paris, en vers burlesques (à la suite de *la Ville de Paris* par Berthaud), 2 vol. petit in-12, Rufflé, 1666.

La Hollande vaincue par Louis XIV, poëme de 8 p. in-4o, Rouen, Malassis, 1672.

La prise de Maëstricht, poëme, Paris, 1673, in-4o.

Le Mercure guerrier (ce sont encore des compliments au roi sur sa victoire, en vers mêlés de prose), 1674, petit in-12.

Cantiques pieux, 1676.

Journal des avis et affaires de Paris, 1676. in-4o. Par cette publication F. Colletet a été véritablement le fondateur du journal des petites affiches.

La Ville de Paris, ouvrage distinct de *l'Abrégé des annales et antiquités de Paris*, in-12, 1677, et plusieurs fois réimprimé. (C'est une sorte de conducteur du voyageur à Paris, et le modèle de tous les livres faits dans le même genre depuis cette époque.)

En outre, plusieurs pièces de vers, enjouées ou sérieuses, dont quelques-unes trouvèrent place dans un recueil publié en 1658, *les Muses illustres*.

François Colletet, né en 1628, mourut vers 1680. « Un rat de cave, disait avec indignation Richelet (V. son *Dictionnaire*, au mot *Rat*), gagne par an sept à huit cents francs, et François Colletet, en faisant force poëmes, n'en gagne pas le quart. » A la fin, cependant, il obtint une petite place, qui lui permit de dîner chez lui.

(1) M. Charles Nodier a vengé, par un article plein de chaleur, sa mémoire outragée : V. ses *Mélanges tirés d'une petite bibliothèque*, in-8°, Crapelet, 1829, p. 310-318.

préaux (1). Au moins, dans son malheur, François Colletet ne cessa jamais de s'enorgueillir de l'unique héritage qui lui eût été transmis, du nom que lui avait légué son père (2).

Cette fierté semblera bien légitime, si, aux titres du poëte que nous avons déjà énumérés, on ajoute ceux du prosateur, dont il nous reste à parler. Le plus considérable est cette histoire des poëtes français, dont le manuscrit existe à la bibliothèque du Louvre (3). Déjà connu et plusieurs fois consulté (4), cet ouvrage offre pour longtemps encore aux recherches de l'érudition un fonds d'une richesse inépuisable.

Il forme cinq gros volumes in-4° (5), où l'on passe en revue 130 poëtes rangés par ordre chronologique : Tous ont vécu depuis l'an 1300 jusqu'au temps de Colletet, à l'exception d'Hélinand et Hugues de Bercy qui florissaient au commencement du douzième siècle. Il n'y en a que deux aussi du quatorzième, Jean de Meung et Guilleville. Les autres appartiennent au quinzième, surtout au seizième et au dix-septième. Néanmoins, dans ces derniers siècles, on regrette plusieurs oublis, entre lesquels, celui de Martial d'Auvergne, mort en 1508. Une omission qui étonne bien davantage est celle de François de Malherbe. On ne peut douter cependant que l'intention de Colletet ne fût de

---

(1) V. l'édition de Boileau donnée par M. Berriat Saint-Prix, t. III, p. 456.

(2) *Histoire du théâtre français*, t. VI, p. 200.

(3) Avec le manuscrit original, assez difficile à déchiffrer, se trouve heureusement une copie, mise au net par l'ordre du duc de Montausier, qui s'était servi de ce livre pour l'éducation du grand dauphin. Ecrite de deux mains différentes, elle est très-aisée à lire ; mais il ne faut pas négliger de la comparer avec l'original, pour y corriger quelques inexactitudes. Dans cette transcription, qui remplit 6 vol. in 4°, les vies sont classées par ordre alphabétique.

(4) Parmi les auteurs qui passent pour en avoir tiré parti, on cite surtout La Monnoye. De nos jours, M. Sainte-Beuve, en faisant aussi à Colletet plusieurs emprunts, a rappelé l'attention sur cet ouvrage.

(5) V. sur ce manuscrit la *Bibliothèque historique de la France*, par Lelong, édit. de Fontette, t. IV. p. 171 et suiv.

lui consacrer un travail approfondi (1). Il avait conservé pour ce réformateur de notre poésie, qui cessa de vivre en 1628, de vifs sentiments d'affection et de reconnaissance. On a vu qu'il avait reçu de lui des conseils et des encouragements (2) : plus d'une fois, dans son ouvrage, il le mentionne avec admiration. En revanche, Colletet fait figurer sous nos yeux, comme poëtes, plusieurs écrivains, à qui l'on n'avait guère l'habitude d'accorder ce titre, par exemple, le célèbre Jacques Amyot, qui fut, suivant lui, « philosophe profane et chrétien, orateur et poëte. »

L'auteur de cette histoire avait surtout en vue de donner une suite au livre du président Fauchet (3). Ses notices sont généralement très-courtes. Il y en a, lui-même il l'avoue, qu'il aurait pu supprimer, telle est l'obscurité des noms et des œuvres qu'elles rappellent. Parmi les plus étendues et les plus intéressantes, on remarque celle de Scévole de Sainte-Marthe, dont il a mis d'ailleurs beaucoup à contribution *les Eloges des hommes illustres*, celles de Marot, de Joachim du Bellay, d'Etienne Pasquier et de Nicolas Richelet (4). Ce dernier, commentateur de Ronsard et poëte lui-même, était un des amis intimes de notre écrivain. Dans un recueil aujourd'hui perdu, il le célébrait par des vers latins où il s'adressait aux muses :

Si mihi sunt vestri mysteria cognita templi,
Si lauri non falsus honos, si virginis undæ

---

(1) Dans la vie de Nicolas Richelet, Colletet dit que celui-ci « se moquait de Malherbe sur le bruit qu'il avait de blâmer Homère et Virgile, et de se rire des œuvres de Ronsard ; » ce que, ajoute-t-il, « j'expliquerai plus favorablement dans la vie de Malherbe lui-même. » La mort prévint sans doute l'accomplissement de ce dessein.

(2) Il se félicite, dans le même passage, « d'avoir appris par la conversation de Malherbe, qui l'aimait beaucoup, le tour et l'ajustement des vers lyriques, la pureté de notre langue, et l'énergie de nos termes.»

(3) « Origine de la langue et de la poésie française, plus, les noms et sommaires de six vingts et sept poëtes français, vivant avant l'an 1300, » 1581, in-4°.

(4) On remarquera, comme un singulier exemple de la manière dont cette époque aimait à jouer sur les noms propres, que Garasse, ennemi de Richelet, l'appelait *turpis et dives*. Le célèbre grammairien Pierre Richelet, était petit-neveu du commentateur de Ronsard.

Rivus, erit vobis, nec me præsagia fallunt,
Carus, et in longum ibit Colletetius ævum.

Avec la bonhomie de nos vieilles mœurs, Colletet « bénissait le jour de Sainte Ursule, où, se trouvant dans l'église de la Sorbonne, il s'était rencontré près de ce grand personnage et l'avait entretenu quelque temps sans le connaître : » ainsi leur liaison avait pris naissance. Depuis, il s'était plu maintes fois à passer les *vacations* avec lui à Saint-Denis; et il ne pouvait donner assez de regrets et de larmes à la mort « de cet excellent homme, emporté en moins de deux jours par une maladie nommée trousse-galant ou choléra-morbus (1) : mal qui s'était manifesté par de violentes tranchées, et lui était venu de ce qu'il avait fait un excès de table et mangé trop de fruits. »

On jugera, d'après cette digression, des détails précieux par leur familiarité même, que nous offrent plusieurs passages de *l'Histoire des poëtes*, pour nous faire connaître à fond et la vie privée de l'auteur et celle des littérateurs du seizième et du dix-septième siècles. A cet égard, il abonde en renseignements qu'on peut appeler domestiques et que l'on chercherait vainement ailleurs. Pour les principes du goût, ils sont ceux de l'école que devait détrôner Boileau. Aux yeux de Colletet, Ronsard est encore « le prince de tous les poëtes (2); » celui qu'il place au deuxième rang, et presqu'à côté de lui, est du Bartas. Il se montre enthousiaste de sa *Seconde Semaine*; et, en nous apprenant qu'elle a paru en 1584 (3), il s'applaudit fort de trouver parmi les noms qui ont autorisé l'impression de ce poëme, celui de Colletet, « parce que son

(1) Ce fut aussi du choléra-morbus que mourut, dit-on, Madame, duchesse d'Orléans, dont Bossuet a fait l'oraison funèbre : Voy. les *Mémoires* de Mademoiselle de Montpensier, t. IV, p. 63.

(2) « Après avoir chéri le grand Ronsard pendant sa vie, dit Colletet fils, dans son *Abrégé des Annales de Paris*, p. 362, il en respectait encore si fort la mémoire, qu'il ne pouvait souffrir qu'on parlât mal de lui ni de ses ouvrages. »

(3) En six ans, elle n'eut pas moins de trente éditions, et fut traduite dans la plupart des langues de l'Europe : V. Hallam, *Littérature de l'Europe*, t. II, p. 216.

grand-père, nous dit-il, avait, en sa qualité de commis au greffe, favorisé de son suffrage et de son approbation le plus important ouvrage de son temps. »

Au reste, il admire très-volontiers, et même avec une facilité quelque peu banale. Beaucoup de promesses d'immortalité qu'il prodigue nous feront aujourd'hui sourire. Les auteurs dont il parle sont d'ordinaire pour lui « des hommes illustres, de grands personnages. » La France doit être reconnaissante et fière de leurs travaux. A l'en croire, elle n'aurait jamais assez de lauriers pour couronner tant de têtes, assez de places dans le temple de mémoire pour y loger tous ces génies qui l'ont honorée. Elogieux jusqu'à la monotonie, à défaut des œuvres, il préconise encore les intentions.

Quant au style, c'est sans doute celui de l'ancienne critique : il y a peu de finesse dans les aperçus particuliers, peu de netteté dans les vues d'ensemble. L'auteur raconte une histoire plutôt qu'il ne fait des portraits. Chez lui, point de ces coups de pinceau vifs et caractéristiques, point de ces mots significatifs qui expriment la physionomie d'un homme ou le talent d'un écrivain. Pascal n'avait pas encore enseigné la mesure et la précision dans le langage : on ne savait guère alors dessiner avec justesse et pureté les contours d'une phrase, ni composer avec rigueur une œuvre bien proportionnée. Qu'on ne se flatte donc pas de trouver dans Colletet l'agrément et le sel de la critique du dix-huitième siècle, si heureusement perfectionnée de nos jours. Verbeux et diffus, il manque de couleur et de saillie; mais à défaut de beaucoup d'élégance et de délicatesse, il a du sens et du naturel, il n'est pas même dénué d'une certaine pénétration. C'est un juge indulgent, ou, pour mieux dire, c'est un homme bienveillant et candide, qui converse avec nous, sans prétendre nous imposer ses décisions. Son plus grand prix est dans les documents originaux qu'il renferme, et qui présentent une foule de riches matériaux à mettre en œuvre.

On a dit que Guillaume Colletet avait commencé cette *Histoire* à l'époque où fut créée l'Académie française. Le plan en fut soumis à Richelieu qui l'approuva, et par ses largesses pressa l'auteur de le réaliser au plus tôt (1). En même temps il ordonna que l'on fît, pour lui venir en aide, des recherches dans les bibliothèques, et lui fournit plusieurs manuscrits rares.

Bien qu'après la mort du cardinal, son ardeur, moins efficacement stimulée par Mazarin, se soit un peu ralentie (2), on voit cependant qu'à divers intervalles il reprit avec activité cette vaste composition : il y travaillait surtout dans une maison de campagne qu'il possédait aux environs de Paris, non loin de la porte Saint-Jacques. Plus d'une fois il en lut des fragments à ses amis : favorablement accueillis, ils avaient excité dans le monde lettré une curieuse attente de l'œuvre totale, que la mort ne permit pas à Guillaume de terminer. François Colletet la retoucha et la compléta. Alors, et depuis cette époque, on songea sérieusement à la faire paraître (3) : quoique l'abbé Massieu et l'abbé Goujet aient traité ensuite le même sujet, on doit regretter que ce dessein n'ait pas reçu son exécution. On ne dissimulera pas, néanmoins, que, pour donner cet ouvrage au public, il y aurait eu en-

---

(1) Colletet, dans une épitre qui précède son discours en vers, adressé au chancelier Séguier, 1638, Paris, Langlois, in-8°, parle « du travail assidu de son histoire des poëtes, qui semble depuis quelque temps occuper toutes les fonctions de son esprit... »

(2) Il dit quelque part que l'interruption des bienfaits de son Mécène est cause

> Qu'il ne s'occupe plus de ces anciens poëtes,
> Dont il faisait les noms et les ans reflorir.

(3) On avait compté particulièrement, à cet égard, sur la générosité du duc de Montausier : « Plût à Dieu, s'écrie Cadot, que cet ouvrage fût déjà sous la presse, pour satisfaire le public qui l'attend avec impatience ! Ce sera quand il plaira à Mgr le duc de Montausier, et que les tempêtes de Mars céderont à l'harmonie des Muses. » — La bibliothèque du Louvre possède, au sujet de ces projets de publication de l'*Histoire des poëtes*, qui furent encore repris après la mort de Montausier, une foule de pièces manuscrites qui ont été réunies dans un volume in-f°, ayant pour titre : « Pièces sur l'édition projetée, 1730. » On y trouve jusqu'à divers spécimens de l'impression commencée, avec un plan de révision pour l'*Histoire* citée, beaucoup de renseignements curieux qui la concernent, et des *Mémoires sur la vie et les ouvrages de Guillaume Colletet*.

core, après la révision du fils, bien des vides à remplir et bien des passages à amender.

Guillaume Colletet avait résolu de joindre à cette histoire des poëtes une histoire des prosateurs : il en a même laissé des parties ébauchées (1). Mais les qualités essentielles du critique, dont ces fragments portent aussi l'empreinte, s'étaient déjà montrées dans deux de ses ouvrages qui furent imprimés de son vivant. Le premier est un discours qu'il prononça dans une séance de l'Académie française, « sur l'Eloquence et l'imitation des anciens (2); » le second, et le plus important, se compose d'une suite de traités relatifs aux divers genres de poésie, qu'il réunit depuis sous le titre d'*Art poétique* (3).

Le traité sur l'épigramme, placé au début du livre, est dédié au cardinal de Mazarin. Un sonnet le complimente au sujet de la paix de Montmédy, où l'on a pu voir, suivant le poëte, que pour obtenir tant de glorieux succès et couronner de tant de lauriers la tête du jeune roi,

Avec beaucoup de Mars, il faut un peu de *Jule.*

---

(1) Ces pièces, et plusieurs autres, appartenant au père et au fils, sont conservées à la bibliothèque du Louvre. Elles forment 3 volumes manuscrits, in-4°. On y remarque des mélanges en vers et en prose; les témoignages de divers écrivains sur Guillaume Colletet, recueillis par son fils (au nombre de ceux qui l'ont célébré figurent Heinsius, Saumaise, Grotius, etc.); le livre 5e d'une Enéide travestie (où Fr. Colletet, qui en est l'auteur, ne vaut pas Scarron); des extraits divers; un recueil de proverbes; beaucoup de matériaux rassemblés sur les hommes savants, même sur des guerriers et des étrangers; des mémoires contemporains, où l'on peut trouver quelques renseignements curieux sur le ministère de Mazarin (ils sont l'ouvrage du fils); des détails de famille; plusieurs projets d'ouvrages, épars sur des notes à moitié rédigées; enfin, jusqu'à un catalogue de la bibliothèque de Guillaume Colletet.

(2) Lu le 7 janvier 1636 : imprimé seulement en 1658, Paris, in-12. Dans ce discours, dédié à l'abbé Fouquet, on remarque toutefois plus d'une trace du faux goût du temps.

(3) V. l'édit. de 1658, in-12, Paris, chez Sommaville et Chamoudry. M. Du Roure a fait une analyse piquante de cet Art poétique, dans son *Analectabiblion*, t. II, p. 263 et suiv.

Après avoir tracé l'historique du genre de l'épigramme et fait connaître ceux qui s'y sont exercés, Colletet en offre des modèles : il procède de même à l'égard du sonnet (1), du poëme bucolique, qui comprend l'églogue, la pastorale ou bergerie et l'idylle (2), de la poésie morale et sententieuse (3). Ces différents traités dont l'auteur fait hommage à Fouquet, à Séguier et au comte de Servient, sont pleins de recherches curieuses, de piquants détails, de réflexions sensées et ingénieuses. Dans un cadre restreint, ils offrent encore aujourd'hui beaucoup à apprendre. Le style en est facile et lumineux. Tout ce qui concerne l'épigramme et la poésie bucolique en particulier, est d'une lecture aussi agréable que solide (4).

Avec ces travaux critiques, un titre sérieux de Colletet, ce sont ses nombreuses traductions : elles rappellent un véritable service rendu aux lettres françaises. Qu'on se souvienne, en effet, du rôle considérable que la traduction a joué au début de notre littérature, et de la part efficace qu'elle a prise à son développement. Amyot, si grand peintre dans ses copies d'après l'antique (5), jetait dans le langage national un courant nouveau de faits et d'idées ; Pasquier s'essayait à rendre la Milonienne de Cicéron et même quelques morceaux de Tacite; Du Vair, en reproduisant les discours d'Eschine et de Démosthène, s'efforçait de donner à notre idiome la dignité et le nombre oratoires. Cette assimilation laborieuse de la pensée grecque et romaine à la pensée française devait nous permettre sous peu de lutter avec ces modèles. Par un sentiment vrai des besoins de notre langue, le public accordait alors pres-

---

(1) Colletet, dans ce genre, se donnait pour l'inventeur du sonnet en bouts rimés.

(2) On remarquera qu'à cette époque *Idylle* était masculin.

(3) On aura l'occasion de faire, dans ces traités, la connaissance de beaucoup de poëtes ignorés. Dans ce dernier genre, où Pibrac, presque seul, a survécu, Colletet ne compte pas moins de soixante-sept auteurs.

(4) Cet Art poétique est fort loué, et avec raison, dans la *Biographie universelle*, t. IX, p. 261.

(5) V. le rapport de M. Villemain, sur les concours de l'Académie française en 1848.

que autant d'estime au travail pénible de la traduction qu'à la conception d'une œuvre originale. On ne s'étonnera donc pas que Colletet, tout en écrivant dans un caprice poétique un discours en vers contre la traduction (1), ait été l'un des traducteurs les plus laborieux de son époque. Parmi les anciens, toutefois, il ne fit passer dans notre langue que trois ouvrages bien différents, les Aventures d'Ismène et d'Isménias, roman grec d'Eustathe (2), et la Doctrine chrétienne de saint Augustin, avec le Manuel ou Traité de l'Amour de Dieu, adressé par ce Père à Laurentius (3). Le plus souvent, il traduisit ceux des auteurs modernes qui de son temps, ou peu avant lui, avaient écrit en latin. C'est que d'ordinaire, pour traiter les sujets importants, on croyait devoir confier ses pensées à la langue de Rome, qui n'avait pas cessé d'être européenne. Montaigne s'était excusé, sur la familiarité des *Essais*, d'avoir employé notre idiome, aux formes si indécises et si variables (4); Descartes, à la fin de son discours sur la Méthode, demandait encore pardon au lecteur de s'être servi du vulgaire. Fidèle à cet ancien usage, le savant et vertueux président Pierre Séguier (5), par son ouvrage latin « des Eléments de la Connaissance de Dieu et de soi-même » (6), avait en quelque sorte tracé le plan que devaient exécuter avec un si admira-

---

(1) Il est joint à l'édition de l'Art poétique, ci-dessus citée.

(2) Ou d'Eumathe : Paris, in-8°, 1625. Le texte de cet écrivain, dont l'époque n'est pas exactement connue, avait seulement été édité en 1618.

(3) Paris, in-12, 1636. Le volume qui contient ces deux ouvrages est de 655 pages, sans compter la table. Bossuet a dit que la *Doctrine chrétienne* contenait plus de principes pour entendre l'Ecriture Sainte que tous les autres livres.

(4) « Si c'eût été une matière de durée, il l'eût fallu commettre à un langage plus ferme » : *Essais*, III, 9. C'est que l'on pensait, comme disait encore Montaigne, *Lettre à M. de Foix*, « qu'il ne pouvait rien partir en vulgaire qui ne sentît le sauvage et la barbarie. »

(5) Sainte-Marthe, dans ses *Eloges*, l'appelle avec raison l'une des plus brillantes lumières du temple des lois : le chancelier Séguier était son petit-fils.

(6) *Rudimenta cognitionis sui et Dei*, 1636, in-12. Cet ouvrage, que Séguier avait laissé par forme de testament à ses enfants, fut publié par Balesdens plus de 50 ans après la mort de son auteur, arrivée en 1580.

ble succès Fénelon et surtout Bossuet : il trouva dans Colletet un traducteur élégant et fidèle (1). Une de ses premières versions avait été celle du livre d'un célèbre controversiste, le cardinal Bellarmin, « le Monarque parfait ou le Devoir d'un prince chrétien (2). » Plus tard, il donna la traduction des *Couches sacrées de la Vierge,* poëme célèbre de Sannazar (3), à qui il avait coûté vingt ans de travail, et celle des *Eloges* que Sainte-Marthe avait faits des *Hommes illustres* de son siècle (4). Une question alors agitée, avec le goût du temps pour les petites polémiques, avait partagé les beaux esprits. Il s'agissait de savoir « s'il était nécessaire que les filles fussent savantes. » Le Poitevin André Rivet avait prétendu le contraire ; Marie de Schurmann, *prodige* de la Hollande, prit en main la défense de son sexe, dans trois discours latins (5) que Colletet mit en français (6). Il traduisit encore le traité de Jean de la Case, « sur les Devoirs mutuels des grands Seigneurs et de ceux qui les servent, ou l'Art de vivre à la cour et de converser avec les Grands (7), » plusieurs homélies du bréviaire, et en

(1 Paris, 1637, in-12, 394 p.

(2) Paris, 1625, in-8°. Bossuet. peu favorable à ce prélat, se plaignait que ses ouvrages tinssent lieu à Rome de toute tradition.

(3) Cette version est en prose : Paris, in-12, 1634. Le titre du poëme latin est *De partu Virginis ;* divisé en 3 chants, il valut à son auteur le surnom de *Virgile chrétien.* Cet ouvrage, ainsi *naturalisé* en français, après l'avoir été en italien, espagnol et anglais, fut offert à Mme de Combalet, depuis duchesse d'Aiguillon, nièce et favorite de Richelieu.

(4) Paris, in-4°, 1644. « Gallorum doctrina illustrium qui nostra ac patrum memoria floruerunt, » tel est le titre de cet ouvrage de Sainte-Marthe, qui parut pour la première fois en 1598 : augmenté depuis et souvent réimprimé.

(5) *De ingenii muliebris ad doctrinam et meliores litteras aptitudine ;* Leyde, 1641, in-8°.

(6) Paris, in-8°, 1646 : « Cette agréable matière, traitée avec autant de doctrine que de délicatesse, » était dédiée à la fameuse duchesse de Montpensier, connue sous le nom de *Mademoiselle.*

(7) Paris, in-8°, 1648 : voici le titre de l'ouvrage latin que l'auteur, orateur et poëte, l'un des écrivains les plus élégants du dix-septième siècle, a lui-même traduit en italien : « De officiis inter potentiores et tenuiores amicos. » La traduction française est dédiée à Mazarin. Colletet y a joint la vie de Jean de la Case, qui fut secrétaire d'Etat de Paul IV et archevêque de Bénévent.

particulier, toutes celles du carême (1); quatre livres de l'histoire d'Hérodote, et la compilation de Polydore Virgile, « des Inventeurs des choses; » mais ces deux derniers travaux n'ont pas été imprimés (2).

« Pour achever la liste des productions de Guillaume Colletet, qui n'avait été rédigée jusqu'à présent que d'une manière inexacte et incomplète, nous rappellerons ici celles que nous n'avons pas eu précédemment l'occasion de mentionner. Il fut auteur de deux intéressantes biographies : l'une, de Nicolas de Vignier, historiographe de France, mort en 1596 (3), et l'autre, de Raimond Lulle. Cette dernière parut à la suite d'une traduction, donnée par Paul Jacob, de « La clavicule ou la science de Raimond Lulle (4) : » titre bizarre du livre, où ce fameux philosophe du moyen âge avait exposé sa méthode, qui eut tant de vogue en Europe, dans les quatorzième, quinzième et seizième siècles (5), et dont la célébrité n'était pas éteinte au dix-septième. Il composa de plus, en collaboration avec de Lacroix, un Traité « du bonheur de la vie solitaire (6); » il paraît même qu'il écrivit en latin, avec un chanoine de Saint-Victor, une histoire d'Abélard, qui est demeurée manuscrite (7).

---

(1) V. l'*Histoire de l'Académie française*, vol. I, p. 288.

(2) *Idem*, p. 289.

(3) On la trouvera au commencement du tome IV de la *Bibliothèque historiale* de Vignier : Paris, in-f°, 1650.

(4) Paris, 1647, petit in-8°.

(5) C'est l'*Ars Lulliana*, ou l'*Art général*, qui avait pour objet de démontrer la vérité, ou de combattre par le raisonnement les opinions des infidèles. Lulle exposait cette méthode à Paris en 1287; la *clavicule* ou la *clef* en était le développement et l'explication : on peut voir, sur ce philosophe, Gabriel Naudé, dans son *Apologie pour les grands personnages faussement soupçonnés de magie ;* Paris, 1625, in-8°, p. 374 et suiv. Un de ses disciples a été Raimond Sebonde, dont Montaigne a traduit la *Théologie naturelle*.

(6) Paris, in-8°, 1648 : on y trouve la vie du frère Jean de Housset.

(7) V. le P. Jacob, *De claris scriptoribus Cabilonensibus* (Histoire littéraire de la ville de Chalons-sur-Saône, sa patrie), Paris, 1652, in-4°, p. 143.

Cette vie, que la passion des lettres a doucement animée, et que l'étude a remplie, méritait un souvenir. A Guillaume Colletet, poëte, critique, biographe et traducteur, on ne refusera pas un rang distingué dans l'ardente et laborieuse génération de ces écrivains qui ont inauguré le dix-septième siècle : ne faut-il pas aussi reporter parfois un regard reconnaissant sur ces devanciers de notre grande époque littéraire? Nés à un moment de transition, et formant, pour ainsi dire, l'anneau de notre ancienne et de notre nouvelle littérature, l'oubli est venu vite pour eux. L'immense éclat que leurs successeurs ont projeté sur le pays a obscurci tout à coup et presque enseveli leurs noms. On n'oubliera pas cependant qu'ils ont été utiles. Par la facilité et par la grâce ils ont préludé aux créations du génie. En façonnant la langue et en cultivant l'esprit de la nation, ils n'ont pas peu contribué à faire naître et à faire accueillir les chefs-d'œuvre de la pensée française.

Paris, Paul Dupont.

www.ingramcontent.com/pod-product-compliance
Lightning Source LLC
LaVergne TN
LVHW020254230826
846091LV00006B/2415

* 9 7 8 2 0 1 1 7 4 0 3 4 2 *